„In der Klapse"

oder

„Die Knallerbergklinik im Auenland"

Von Ingeborg Alice Müller-Keck

Umschlaggestaltung, Illustration: Benedikt Keck
Herausgeber: Inge Müller-Keck
Lektor: Gabi Wolff

Cover: Acrylbild „Die Wut meiner Seele"

Verlag und Druck: tredition GmbH, Halenreie 40-44, 22359
Hamburg

ISBN Taschenbuch: 978-3-347-01649-1
ISBN e-Book: 978-3-347-01651-4

Bibliografische Information der Deutschen Nationalbibliothek:
Die Deutsche Nationalbibliothek verzeichnet diese Publikation in
der Deutschen Nationalbibliografie; detaillierte bibliografische
Daten sind im Internet über http://dnb.d-nb.de abrufbar.

Inhaltsverzeichnis

Vorwort

Liebe ausgebrannte, durchhängende, vom Leben enttäuschte, gestrandete, nicht mehr aus dem Tellerrand herausschauende, in Gedankenspiralen sich drehende, an Körper und Geist schmerzempfindende, ausgebrannte und selbstzerstörende, in Scham und Schuld gedrückte Menschen, für euch ist dieses Märchen geschrieben.

Ein Märchen

„In der Klapse" oder „Die Knallerbergklinik im Auenland"

Es war einmal, vor langer, langer Zeit, eine fröhliche, sich im Frühherbst des Lebens befindende Frau, die alle Erdlinge in ihrem Umfeld liebenswert fand. Aus heiterem Himmel widerfuhr ihr eine riesengroße Enttäuschung von den Menschen die ihr Nahe waren.

Neidische, engherzige Amöbenhirne verursachten diese herbe Enttäuschung - gemeinsam mit einem Jahrmarktskrämer, der bis zum heutigen Tag unfähig ist, mit einer Krisensituation angemessen umzugehen. Es versteht sich fast schon von selbst, dass weder Loyalität, Verständnis, ja nicht einmal verstehende Worte, der ganz normalen irritierten Frau in diesem Moment zukamen. Ganz im Sinne eines machiavellistischen Gedankens „der Zweck heiligt die Mittel" wurde sie phrasendreschend und völlig sinnlos an des Krämers Lieblingsmöbelstück, den Pranger, gestellt. Er liebte dieses Schmierentheater sehr, so wunderte es niemanden, dass der Pranger während der „Krämeramtszeit" immer in Gebrauch war. Dies war eine gute Gelegenheit von wirklich wichtigen Themen und Fehlern abzulenken und er konnte ganz nebenbei moralinsauer seinen Heiligenschein nachjustieren.

Ein im wohlverdienten Ruhestand und dennoch tätiger Hausarzt, der den Jungbrunnen gefunden hatte, erkannte die Not der Frau, die mit sich gebrachte Verwirrung, das Unrecht und sah, dass sie in Tränen schwimmend, Hilfe brauchte. Viel, viel später einmal sagte der Arzt zu der Frau, es sei ihm damals schon klar gewesen, dass sie weder zum Krämer noch zu den anderen Schießbudenfiguren zurückkehren würde.

Der Jungbrunnenarzt schickte die betrübte, angeprangerte Frau klugerweise an die Psychotherapeutin Frau Grawz, die sowohl brillant in ihrem Beruf, als auch auf dem Golfplatz war. Nun, das Letztere war der verwirrten Frau egal, doch es gelang ihr, sich zu öffnen. Frau Grawz packte die Sorgen der Frau aus, wie ein Mannequin den neuen Victoria's Secret Fantasy-Bra. Als die geschockte Seele so matt vor ihr lag, päppelte die Psychotherapeutin sie liebevoll wieder auf und schenkte ihr neuen Lebenswillen. Sie war es auch, die der traurigen Frau vorschlug, einen Aufenthalt im schönen Auenland anzutreten. Dies würde ihr sicher guttun. Die Frau indes brauchte noch viel Zuspruch, ehe sie bereit war, diesen Schritt in dieses unbekannte Land mit den heißen Quellen zu gehen. Doch sie tat ihn.

Das Märchen trägt sich in einer psychosomatischen Klinik im schönen Auenland zu.

Und von nun an, liebe Leser, wandelt sich in dem Märchen die traurige, bestürzte, von Menschen enttäuschte, fassungslose Frau in die Erzählerin.

Auf dem Weg nach Emmaus

Die Ankunft im Auenland

Eingebettet zwischen Riesenbäumen, heißen Quellen und einem asiatischen Laden steht eine psychosomatische Reha-Klinik. Es ist eine Welt für sich und für kurze Zeit war es auch meine Welt. Zu Beginn meines Aufenthaltes beschränkten sich meine Vorinformationen auf Erinnerungen aus dem Film „Einer flog über das Kuckucksnest" und dem Lesen der Homepage und Bewertungen über die Klinik.

Die Tür öffnete sich und ich stand mit meinen Koffern und schnell klopfendem Herzen am Empfang. Dort waren alle Damen emsig und fachkundig bei ihrer Arbeit. Später wurde Frau Huck meine auserkorene Lieblingsempfangsdame. Immer ein Lächeln oder eine humorige Bemerkung auf den Lippen, fühlte man sich gleich zu Beginn wohl und angenommen. Man vergisst leicht, dass es eine Klinik und kein Hotel ist. Frau Huck wurde jedoch nicht müde, auf diese Kleinigkeit bei allerlei Begebenheiten hinzuweisen. Ob der hübsche Hausmeister im Hintergrund allerdings immer nach dem Rechten oder der Rechten schaute, war nicht herauszubekommen. Lästigerweise hatte ich unendlich viel Arbeit mit mir selbst.

Die Zimmer hatten eine gute Größe und meines einen wunderschönen Panoramablick auf die Berge. Das Bad war mit Allem ausgestattet, was man zur Standardhygiene brauchte. Dies ist aber nur meine persönliche Meinung, Klo-Fritze sah das sicher anders. Sein großer Auftritt in meiner Erzählung kommt noch. Der Teppichboden war schlicht und einfach fertig. Die alten Flecken brillierten in den unterschiedlichsten Farbschattierungen. Er ähnelte sehr dem Befinden der Patienten in den ersten zwei Wochen ihres Aufenthaltes. So war es auch bei mir. Ich heulte unendlich viel, ich kübelte, ich war ebenso fertig wie mein Zimmerboden. Nur ihm ging es noch ein wenig schlechter als mir.

Frau Ächler

In den ersten Tagen war alles hektisch, neu und ungewohnt, so dass die Depression mich noch intensiver überkam. Der Alltag in der Klinik war so weit weg von meinen Vorstellungen, wie ein Maulwurf von einer Medaille bei der Rallye Dakar. Unsicher, mit bitterer Seele und sicher einem gequälten Gesichtsausdruck musste ich nun begreifen, was, wer und wo von mir wollte.

Zu Beginn erreicht jede Frau und jeder Mann locker die empfohlenen 10.000 fithaltenden Schritte, so auch ich. Alle Räumlichkeiten mussten erst einmal gesucht und gefunden werden. Die erste Untersuchung, das erste EKG, die erste Blutentnahme, die ersten Tagespläne, nochmals EKG, es war dermaßen stressig, ich kam mir vor, wie der Willi im Wimmelbuch.

Jetzt sind wir schon mittendrin im Alltag eines Patienten der Klinik, genauer gesagt in meinem persönlich erlebten Alltag. Wie erwartet, ging es recht schnell ans Eingemachte. Meine Therapeutin bei den Einzelgesprächen war Frau Ächler. Die Arme hatte es nicht einfach mit mir. Da saß ich nun vor ihr, eine Frau, vereist, nicht richtig verstehend, wieso sie plötzlich zum Spielball des Schicksals geworden und wie es so weit gekommen war. Im allerbestem Rubenskörper saß ich gebeugt auf meinem Stuhl und haspelte blubbernd zusammenhanglose, deutsche Wörter ohne Sinn und mit wenig logischem Verstand. Den Kauderwelsch-Schlüssel in der Hand gelang es ihr erstaunlich schnell, die mich belastenden und erdrückenden Probleme aus mir herauszuholen. Durch ihre Fragen und ihre Empathie fasste ich Vertrauen und durch meine Tränen hindurch konnte ich einen ersten klaren Blick auf meine zerrissene gegenwärtige Situation riskieren.

In einer von vielen Sitzungen erzählte ich ihr von meinen durchwachten Stunden und sie ermunterte mich zum bildlichen Denken. So gelang es mir, mich zu öffnen und ich erzählte ihr von dem verachtenden Verhalten der Amöbenhirne und dem genauso verachtenden Verhalten meines Vorgesetzten. Alles sträubte sich in mir, den Krämer „Chef" zu nennen. Nein, er war für mich ein moralisches Vakuum geworden, weltenweit entfernt von allen Charaktereigenschaften, die ich an einem Menschen schätzte. Es entstand die Idee des "Raketenmannes". Da meine berufliche Situation noch weit entfernt von einer Klärung war, ermutigte sie mich, ihn auf den Mond zu schießen bis ich eine Lösung habe. Der Raketenmann war geboren, eine wunderbare Umschreibung bis zum heutigen Tag.

Mit dem Mond habe ich ein kleinwenig Mitgefühl, doch mehr Gefühle investiere ich nicht mehr. Die Amöbenhirne waren ihr und auch den anderen Therapeuten während meines Aufenthaltes nicht viel Zeit wert, ihr Verhalten wurde als unüberlegt und unreif eingeordnet. Neidische Menschen seien oft Empathieallergiker, die 30 Silberlinge hätten sie sich doch zu Recht verdient.

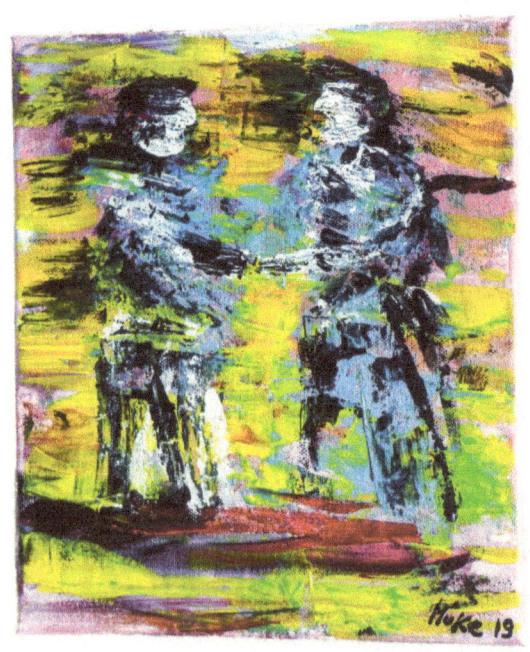

Begegnung

Frau Ächler schaffte es durch ihren Zuspruch, mich während des Weinens zum Lächeln zu bringen. In diesem besonderen unwirklichen Augenblick entstanden endlich wieder guttuende Farben in meinem Kopf.

Die Eisbergschmelze begann, die Moorleiche, im Morast liegend, fing an, sich zu bewegen. Mich wieder zu spüren war Balsam für meine schmerzende Seele. Viele traurige, unsichere, mit Zweifeln und in Schmerz geführte Gespräche folgten. Frau Ächler ließ mir Zeit, meinen Gedanken nachzuhorchen, sie zu revidieren und neu zu überdenken. Sie lenkte mich mit Fragen, die mir in meinem Denken zu eigenen Antworten verhalfen.

Die Therapiestunden beschäftigen mich derart, dass ich oft Sequenzen nochmals träumte oder sie im Traum fortführte. Dabei öffneten sich erstaunlicherweise Gedächtnisschubladen und es zeigten sich Wege, Richtungen und Möglichkeiten zu agieren.

Die Einzelsitzungen waren kein Frühlingsspaziergang, doch sie brachten wieder ein laues Lüftchen in mein an gemieftes Denken. Das Lüftchen wurde recht schnell zu einer steifen Brise, es pfiff auch in den hintersten Ecken meines verwirrten Denkens. Ich kaufte mir ein Vokabelheft und schrieb jeden gehörten hilfreichen Satz hinein. Zu vielen Empfehlungen malte ich Bilder, Symbole und Lebenslinien. Ich hatte Zeit und die Nächte waren unendlich lang. Dieses Aufschreiben von getätigten Aussagen behielt ich bis zum Ende meines Aufenthaltes bei. Das Heft ist fast voll geworden und vermutlich gehört es zu den Dingen, die ich noch lange Zeit Zuhause in einer meiner „Gruschel–Schubladen" behalten werde.

Ich lernte, meine Gedanken zu sortieren und wieder kamen Erinnerungsteile zurück. Es war wie ein unvollständiges Puzzle im Kopf, unglaublich und erstaunlich, in meinem psychischen Ausnahmezustand hatte ich vieles vergessen. So saß ich dann bei Frau Ächler und schmolz vor mich hin. Meine Therapeutin half mir, mit einem klaren Blick auf meine Seele zu sehen, zum Teil sprachen wir in den Sitzungen Zukunftsmöglichkeiten auf ihre Tauglichkeit durch. Nach 14 Tagen Dauerweinens prickelte meine innere Haut und ich konnte mich wieder spüren. Das Selbstwertgefühl kam wieder zu mir zurück.

Danke Frau Ächler.

Jella

Zu den Einzeltherapiestunden kamen noch massenhaft Gruppentherapiestunden dazu. Diese GT- Stunden sind in etwa einem Rodeo-Ritt gleichzusetzen. Sie fielen mir besonders schwer. Gleichzeitig jedoch waren sie hochinteressant. Zu Beginn werden jedem Newcomer die Gruppenregeln erklärt, an die sich jeder Teilnehmer zu halten hatte. In meiner GT-Gruppe wurde die Regelung „alle Probleme sind gleichwertig", mit in den Regelkatalog aufgenommen. Die Teilnehmer hatten sich das so gewünscht.

Ich als Frischling erlebte die einzelnen Mitglieder im Umgang mit den Problemen der anderen Patienten aber überhaupt nicht so. Es verwirrte und verunsicherte mich, die Regelung wurde in keinster Weise umgesetzt. Sehr schnell bekam ich mit, dass die Gruppe sich überhaupt nicht grün war. Jeder hatte an Jedem etwas auszusetzen, es ging einige Male hoch her. Nach den Stunden war es leicht mitzubekommen, wie über einen Patienten gelästert wurde. Man musste nur den gleichen Weg gehen. Ich fühlte mich völlig deplatziert und überhaupt nicht wohl. Ein Männchen in meinem Kopf riet mir den Mund zu halten und acht zu geben, dass ich aus der Nummer unbeschadet rauskomme. Noch mehr Theater um mich herum konnte ich nicht ertragen. Also versuchte ich mich als Neutrum so unsichtbar wie möglich in den GT-Stunden zurechtzufinden. Leider hatten die Therapeuten eine andere Auffassung und so wurde ich direkt angesprochen oder nach meiner Meinung gefragt. Die studierten Grillmeister liebten das provozierende Nachfragen und ein paar Mal hätte ich lieber eine Handvoll Dreck gegessen als mich dem Druck auszusetzen.

Ein Gruppenmitglied, Jella, jammerte in den ersten zwei Tagen sechs Mal in meine Richtung, wie schade es doch sei, dass die Gruppe sich jetzt ändere, sie käme damit gar nicht klar. Sie sei jetzt so traurig, dass neue Patienten dazu kämen. Dabei unterstrich sie ihre Aussage pathetisch, sie drückte ihren Handrücken an die Stirn. Nun gut, meine pathetische Geste wäre in gesunden Zeiten vermutlich mit einem Fingerzeichen erledigt gewesen, aber ich war ja in der Knallerbergklinik und selbst waidwund, gesunde Reaktionen waren von mir nicht zu erwarten. Beklommen und unsicher entschuldigte ich mich für mein „Hier sein" bei Jella.

Recht schnell begriff ich aber, dass es bei ihr immer was zum Stöhnen, Jammern und Klagen oder eine Krise gab. Egal, was ihr an diesem Tag begegnete, irgendetwas gab es immer, was sie beklagenswert fand und besprechen musste. Hauptsache, die Erde drehte sich um ihre Befindlichkeiten. Ich erlebte sie als ein Sensibelchen der allersensibelsten Art, die mimosigste Mimose überhaupt, allerdings bissig wie ein Terrier bei der kleinsten Hinterfragung zu ihrer Person. Da war aber der Teufel los, da schossen aber Hassblicke durch die Gegend. Aber auch diese Dinge brachte sie mit in die Gruppentherapiestunden ein. Für Jella war ich zum Glück uninteressant und so geriet ich nicht in ihren Fokus, wenn ihr wieder jemand von der Gruppe vermeintlich Unrecht getan hatte. Zwei Mal sezierte und filetierte sie Mitpatienten in der Runde, Auslöser war jedes Mal eine Nichtigkeit. Ich bin mir sicher, der Teufel saß in einer Ecke und lernte bewundernd dazu. Die ganzen Wasserglasstürme gingen an mir vorüber und ich war nicht involviert. Halleluja! Für mich war klar: Wenn Jella nach rechts ging, ging ich nach links, wenn sie in den Leseraum kam ging ich raus, nein, die Frau roch nach Ärger und das war das letzte was ich wollte.

Während der Gruppentherapiestunden erzählte sie einmal von ihren starken Gleichgewichtsproblemen und wie sie sich zum Schuhe anziehen stets an die Wand lehnen müsse. Sie könne kaum einen Schritt ohne Festhalten tun. Zwei Stunden später sah ich sie, herausgeputzt und sicher auf hohen Hacken stehend, zum Feierabendbier in die nahegelegene Kneipe stolzieren. Ich hörte, sie hätte einen gesunden Zug beim Trinken und die ersten zwei Bierchen fänden recht schnell ihren Weg. Medizinisch betrachtet verbesserten diese den Stand sicher nochmals um ein Vielfaches. Auch die ewigen Schmerzen, begleitet von Gestöhne und Jammern, waren am Abend wie weggeblasen.

Magie lag in der Luft. Jella fand jeden Abend pünktlich nach dem Abendessen auf wundersame Weise ihr Gleichgewicht wieder, ein Wunder!

Sam

Ich gewöhnte mir an, mich in der GT-Stunde so zu setzen, dass ich Jella nicht gegenübersaß, da mich ihre Bregenzer Festspiele zusammen mit den Erzählungen aus dem Tal des Jammerns doch recht schnell zu triggern begannen.

Sam, ein im Leben stehender Mann mit einem großen Schalk im Nacken und einem noch größeren Herzen, bekam das mit. Er hatte eine eigene Art von Humor, den wenige Leute verstehen. Er wusste sofort, wieso ich mich wegsetzte. Als wir uns wieder einmal Stühle für den Kreis holten, flüsterte er mir zu: „Guckst du, dass du wieder richtig sitzt?" Dabei lachte er mich breit an. Sam war ein klarer Verfechter des "springenden Punktes", er sprach aus, was er dachte. Dies brachte ihm wenig Sympathiepunkte und war sicher mit einer der Gründe, warum er in der Knallerbergklinik gelandet war. Ich erinnere mich an das Gruppengespräch, bei dem Volker erzählte, dass er leider nicht pünktlich bei dem heißersehnten, lange geplanten, vom Jugendamt begleiteten Treffen mit seinem Sohn erschienen war. Eine Umleitung, die er fahren musste, verhinderte dies. Seine Frau, die böse Harpyie, würde ihm das wieder als unzuverlässige Charakterschwäche auslegen. Die Frauen der Gruppe zerflossen vor Mitleid mit Volker. Viele verbalisierten sein Pech und bedauerten ihn sehr.

Sam jedoch polterte in seiner trockenen, pragmatischen Art, dass er sich hätte früher auf den Weg machen sollen und mit einer Baustelle rund um Esgaroth hätte rechnen müssen. Da war aber was los im Auenland. Sams unsensible Art war jetzt das Thema innerhalb und außerhalb der Therapiestunde. Einige Gruppenmitglieder sahen jetzt die Gelegenheit gekommen, ihre Meinung zu seiner flapsigen, arroganten und empathielosen Wesensart in hysterischen Tonlagen rauszuhauen. Sam tat als ob ihm das nichts ausmache, er hielt sich gut. Frau Ächler fragte ihn, ob er denn jetzt wütend sei, er verneinte. Sie fragte ihn wieder, er verneinte. Sie fragte dann sehr bestimmt, dass müsse ihn doch jetzt wütend gemacht haben. Sam drehte den Kopf zu ihr, hielt ein paar Sekunden stumm den Blick, dann antwortete er, er müsse jetzt rausgehen und eine rauchen. Als er viel später wieder in die Gruppe zurückkam, war er in sich gekehrt und hielt mit Niemanden mehr Blickkontakt. Auch am Abend war er nirgends mehr anzutreffen. Die Schlafmützigkeit von Volker war uninteressant und kein Thema mehr, er war ja schließlich der Bedauernswerte und der Liebling der Frauen in der Gruppe.

Ach Sam, wie fremd du dich manchmal fühlen musstest mit deiner klaren Art, auch du warst hier als Patient, der litt und nicht alles wegstecken konnte. Du hast so einiges über dich gelernt und wie du auf andere wirkst. Trotz einer runden Welt eckst du überall an, ich habe dich sehr gemocht.

„... und das Gute liegt so nah"

PETA-Petra

Eine weitere Mitpatientin beeindruckte mich nachhaltig, obwohl unsere gemeinsame Zeit nur zwei Wochen dauerte. Im Speisesaal saßen wir uns einmal am Tisch gegenüber. Ich hatte Fleisch auf meinem Teller und PETA-Petra sah mich traurig und vorwurfsvoll an, sie kam direkt auf meine unsensible, barbarische, fleischessende Seite zu sprechen. Danach war ich sehr aufmerksam im Speisesaal und setzte mich nie wieder in die Nähe von ihr. PETA-Petra war durch und durch tierlieb. Als das Gruppenthema einmal um Mobbing ging, brachte PETA-Petra sich aufgeregt mit ein. Da sie beim näselnden Sprechen die Angewohnheit hatte, den Mund nur ca. 1cm zu öffnen war es extrem schwer, sie zu verstehen. Sie erzählte, wie sie Mobbing schon selbst beobachtet habe, der Jüngste sei immer von den anderen weggestoßen worden und hätte öfters eine gelangt bekommen. Was war denn das für eine Firma? Ich war entsetzt. Erst als ich die Worte Futterplatz, miauen und Rangordnung mitbekam, ging mir auf, dass Petra von ihren Katzen sprach und diese sich wohl auch gemobbt hatten. Aber PETA-Petra war ein Juwel unter den Tierfreunden. Ihre näselnde Aussprache hatte wohl eine sehr beruhigende Wirkung auf ihre Tiere, sie erzählte mir von allerlei Getier, das sich bei ihr wohlfühlte. Auch ich wurde bei ihren Erzählungen ruhig und mein angespanntes Nervenkostüm ging auf Standby. Einmal erzählte sie von einer Schnecke im Salat, die sie entdeckt, gerettet und flugs in eine kostbare Jugendstilbonboniere einquartiert hatte. Ich bin mir sicher, die Linienführung und die Formensprache der selbigen waren ganz nach dem Kunstgeschmack der Schnecke. PETA-Petra freute sich über ihren neuen Mitbewohner, sammelte Regenwasser und pipettierte täglich sanft den Schneckenkörper. Sie selbst war überzeugt, bei jedem ihrer Tiere sofort das Wohlbefinden zu erkennen. Begeistert näselnd erklärte sie mir, dass die Schnecke ihre Hörner nach dem sanften Regenschauer viel genüsslicher in die Luft streckte.

Ein Vermögen war bisher in Tiertherapeuten, Heilkundige, Schamanen und Tierärzte übergewechselt. Sie hatte einen nervenzerfetzenden Rosenkrieg hinter sich, das Sorgerecht war auf ihren Mann übertragen worden. Je mehr die Ehe zerbröckelte, umso intensiver fing ihr Mann an, jegliches Fleisch „in ihrer" Pfanne zu braten und Wurst zu essen. Da selbst ihre beiden Hunde Naturjoghurt und Gemüse fraßen, war es für sie kaum noch in der gemeinsamen Wohnung auszuhalten. Das blutgefüllte Fass lief für sie vollends über, als er ein gebrauchtes Eisbärenfell ersteigerte und dieses auf das Wohnzimmerparkett legte. Es kam, wie es kommen musste. Der Mann ging, das Eisbärenfell blieb. Sie weiß bis heute nicht, ob sie das Fell beerdigen oder dem toten Eisbären einen Altar errichten soll. Als sie einmal erzählte, die Schnecke sei abgehauen und sie hätte voller Panik die ganze Wohnung auf den Kopf gestellt, flüsterte Sam mir zu: „Die hatte Charakter".

Als PETA-Petra wieder Zuhause war und ich am Esstisch im Speisesaal Sam gegenübersaß, ihn beobachtete, wie er genüsslich sein Fleisch aß, erzählte er mir, dass der Sorgerechtstreit von Petra und ihrem Mann nichts mit einem Kind zu tun hatte, es war der Hund, um den sie stritten.

Gruppentherapiestunden mit Frau Rox

Die Gruppentherapiestunden wurden von drei außergewöhnlichen Klinikfachkräften betreut. Mit dabei war zum einen „meine" Psychotherapeutin Frau Ächler. Sie war eine Frau mit feinen Gesichtszügen, einem umwerfenden Lächeln und wellenden, aufmüpfigen langen Haaren, die weich um ihr Köpfchen kreisten. Ihre bevorzugte Lieblingsfrage war „Sind sie jetzt wütend?".

Ferner die Chefärztin Frau Rox, immer etwas von ihrer favorisierten Farbe Blau am Körper tragend und mit einem stets exakten Pagenschnitt und sehr wachen leuchtenden Augen. Auf den Fluren des Hauses war sie schnell gehend unterwegs, jeder spürte, dass sie viel zu erledigen hatte. In den GT-Stunden aber saß sie wach und aufmerksam da, als ob das heute ihre einzige Aufgabe sei.

Der Dritte im Bunde war der junge, rassige, italienische Psychotherapeut Herr Carzola, der bei unserem ersten Zusammentreffen an seiner Nagelhaut herumkaute und aus diesem Grund fälschlicherweise von mir für einen jungen Mitpatienten gehalten wurde.

Frau Rox ist eine beneidenswert klare Persönlichkeit. Sie scheute sich nicht, durch provokative Fragen und

Einwürfe das erzählende Gegenüber zum Schwitzen und innerem Schlottern zu bringen. Ich habe es mehrmals erlebt, dass Mitpatienten dem Druck nicht standhalten konnten und irgendeiner Behauptung von ihr zustimmten, obwohl sie gar nicht derselben Meinung waren. Claudine brachte es mir gegenüber mal mit den Worten zum Ausdruck: „Ich wollte einfach fertig werden - ich habe gar nichts mehr gecheckt."

Claudine war eine alleinerziehende Frau und zeitlebens durchorganisiert. Sie arbeitete mit intelligenz-geminderten Menschen und hielt dem Arbeitsdruck, für alles verantwortlich zu sein, nicht mehr stand. Viele ihrer erfahrenen, ehemaligen Arbeitskolleginnen hatten im Laufe der letzten Jahre die Arbeitsstelle gewechselt. Menschen in der Ausbildung und im Praktikum waren nun vermehrt an deren Stelle nachgerückt. Auch dadurch fühlte sich Claudine die letzten Jahre für Alles und Alle auf der Station verantwortlich. Arbeitsfreie Tage gab es in ihrem Kopf schon sehr lange nicht mehr, sie hielt den Druck nicht mehr aus. Dazu kam, dass innerhalb von 62 Tagen beide Elternteile verstarben, alles zusammen war schlichtweg zu viel für sie. Claudine war mit dabei, wenn wir am Abend noch durch die Auenländische Parklandschaft gingen.

Frieda, eine andere Mitpatientin, deren Namen auch Programm war, wäre die ideale Besetzung für den diplomatischen Dienst gewesen. Allerdings hatten die Nornen am Baume Iktrasil beschlossen, sie in ein langweiliges Büro zu setzen. Gut, sicher trug sie dort viel zum Firmenfrieden bei. Bei ihren Erzählungen über ihren Berufsalltag stellte ich mir immer vor, dass auch die Luft an ihrem Arbeitsplatz abgestanden war. Sie hatte in den letzten zehn Jahren mehrere Menschen in der Familie gepflegt, und war jetzt zu Beginn ihres Rentenalters über den langweiligen Mann an ihrer Seite erstaunt, mit dem sie wenig gemeinsame Interessen aufgebaut hatte. Sie war an einer Abzweigung angekommen. Neuorientierung war angesagt. Sie musste, wie wir alle, lernen, Selbstfürsorge zu betreiben. Dazu gehörte in ihrem Fall auch das Neukennenlernen ihres Mannes, von dem sie sich entfremdet hatte. Mit ihr konnte ich spazieren gehen und dabei so gut schweigen.

Frieda war nach jeder Einzelsitzung bei Frau Rox auf 180. Begleitet von Migräne fühlte sich die friedliche Frieda so provoziert, dass sich Ärger und Klarheit in den Gedanken abwechselten. Unsere Spaziergänge verliefen nach solchen Sitzungen, etwas holpriger als sonst. Schweigen und Gehen, Stehen und ein Satz der Entrüstung, Schweigen und Gehen, ein Satz der Empörung, Schweigen und Gehen, ein Satz der Geringschätzung, Gehen und kurze Ansprache, Schweigen, Gehen und Stehen, Gehen, ein Satz der Versöhnung, Stehen, ein Satz für die Zukunft, ein Satz zur Befindlichkeit, Gehen.

Ich bin sicher, dass Frieda einige neue Erkenntnisse in ihr altes, neues Leben mitgenommen hat und hoffentlich ein wenig Schisslaweng.

Herr Carzola, der analytische Jungspund des Therapeuten-Dreamteams, hielt sich oft still zurück. Wenn er Fragen stellte, hatte das Entsetzen und die Panik in unseren Gesichtern nichts mit den Schwierigkeiten seines noch ungeschliffenen deutschen Sprachschatzes zu tun. Es waren die Fragen, die so links aus der Ecke schossen und oft für uns nicht vorhersehbar waren. Seine Fragen waren selten provokant, doch unangenehm und schmerzhaft, da sie zu einem Gefühl der Nacktheit unserer Seele führten. Die Fragen hatten wir Teilnehmer uns in der Regel noch nie selbst gestellt und erweiterten oftmals die derzeitige Situation.

"Mach dich nackig ", wäre so die Devise, die ich als Laie als Grundgerüst für die Gruppensitzungen sah. Wenn du das geschafft hast, dich öffnest ohne Scheu und über dich reden kannst, läuft es in der Regel. Frau Rox wurde nicht müde uns anzumaulen, wenn wir kein Thema zum Besprechen fanden. Erst als die Gruppenmitglieder wechselten, wurden auch die Themen mehr. Es wurde nicht mehr hinter dem Rücken der Teilnehmer gesprochen und die Gruppe fand zusammen.

Dennoch blieb über lange Zeit in unserer Spaziergänger Gruppe die tägliche Frage, wer welches Thema in die nächste GT-Stunden einbringt. Wohl wissend, dass wir mit hoher Wahrscheinlichkeit auseinandergenommen wurden und jeder Andere in der Gruppe froh war, nicht der „nackte" Schwitzende sein zu müssen.

Ganze Spaziergänge lang ermunterten wir uns gegenseitig, ein Problem vorzuschlagen. Wäre es nur der Themenvorschlag gewesen, hätten wir uns unendlich viele vorstellen können. Unangenehm wurde es nach dem Vorschlag. Dann musste der Themenfinder erzählen, warum ihn dieses Thema beschäftigte. Was es mit seiner Situation zu tun hatte und wie er damit umzugehen gedacht hätte. Das Beleuchten und ausleuchten war oftmals zu viel für den einzelnen Teilnehmer und so sah ich viele Mitpatienten weinen.

Hätte es die Wahl gegeben einen Kanten trocken Brot zu essen oder sich vom Dreamteam grillen zu lassen, trotz meinem zahnärztlichen Rat, ich hätte mit Lust zum Kanten gegriffen.

Die Teilnehmer wechselten. Aus mir wurde eine erfahrene Patientin.

Der Abschlussbrief

Eine große Erleichterung für uns alle brachte Khan der Wolf. Ein junger Mann, der sein Leben auf der Überholspur führte. Zeitlebens vermutlich damit beschäftigt, seinem Gegenüber Grenzen aufzuzeigen. Ein Trauma für ihn war der Tod eines jungen Motorradfahrers, seines Freundes. Ich hatte immer das Gefühl, dass er sich in irgendeiner Form mitverantwortlich sah. Khan der Wolf war unglaublich emphatisch und fühlte sich von der ersten Stunde für die Homogenität der Gruppe zuständig. Wie ein Leitwolf gehörte er zur Gruppe und nahm sich dann selber wieder heraus. Als meine Zeit im Auenland zu Ende ging, war er an einem Punkt angekommen, an dem er schmerzlich sich selbst finden würde. Mit Bedauern sahen Bea und ich, wie er Zeiträuber in sein Leben ließ, vermutlich, um sich selbst weniger zu spüren. Vielleicht hat er aber auch wieder abgebremst und es selbst bemerkt. Klug genug dafür war er allemal. Ich konnte mir keine passendere Tätowierung bei ihm vorstellen, als seinen wunderschönen Wolf, der kunstvoll an seinem Arm Platz gefunden hatte.

Mein Verhältnis zu den Gruppensitzungen blieb bis zum Schluss ambivalent. Sie waren auch tröstend und linderten den eigenen Schmerz. Jeder konnte daraus unglaublich viel für sein Leben mitnehmen, es war dieses aktive Zuhören, was uns allen unter die Haut ging.

Das Dreamteam führte und rührte, die Gruppenmitglieder schwitzen und durchleben eine Katharsis nach der Anderen. Als ich bei den letzten Gruppentherapiestunden wie üblich die Frage hörte: „Wie geht es Ihnen heute?", fiel mir Victor Mature in dem Film „das Gewand" ein. Ich spürte, dass es Zeit für einen Abschluss wurde. Schmerzende Ereignisse müssen irgendwann auf irgendeine Weise ein Ende finden, auch das hatte ich hier gelernt.

Frau Rox brachte mich auf die Idee mit dem Brief an den Raketenmann. Er würde ihn nie bekommen, ich schrieb ihn trotzdem. Drei schlaflose Nächte verbrachte ich mit Schreiben.

Aus einer anderen Gruppentherapiestunde nahm ich das Anfertigen einer Selbstfürsorgeliste mit. Es ist meine persönliche Selbstfürsorgeliste, gespickt mit allen Dingen, die mir guttun. Mittlerweile ist sie sehr lang und ich werde sie nochmals in kalligraphischer Schönheit niederschreiben. Vor meinem Aufenthalt in der Klinik wusste ich nicht einmal, was Selbstfürsorge überhaupt bedeutet. Es war ein hohles Wort, heute hat es einen hohen Wert.

Eine ebenso wichtige und zweimal in der Woche stattfindende Therapieform waren die Bewegungstherapiestunden. Hier lernte ich die Spirale des Wahrnehmens, des Erfassens, des Verstehens und der Neuorientierung kennen. Geleitet von Frau Martin, einem unglaublich scharfen Feger im Spätsommer des Lebens, waren diese Stunden für uns oftmals etwas Besonderes. Turnschuhe waren nicht nötig, es reichte auch wenn der Mund sich bewegte.

Frau Martin war stets sehr gut gekleidet, ihre Traumfigur hätte sie auch in einem Kartoffelsack gut aussehen lassen. Kein einziges Mal habe ich sie langweilig angezogen gesehen. Ihren Schmuck und ihre Gürtel hatte sie entweder von ihren keltischen Vorfahren geerbt oder sie räuberte in ihrer Freizeit Hunnengräber. Ich traute ihr aber auch zu, hammerschwingend in einer Schmiede zu stehen. Frau Martin jedenfalls ermöglichte mir, meinen Abschlussbrief an das Raketenmännchen laut und im Rollenspiel vorzutragen. Sie gab Tipps und lies mich gewähren.

Wie schrecklich herzbrechend, wie heilsam diese Stunde für mich war. Mein Hasenherz klopfte bis zum Hals. Die allermeisten meiner Gruppe halfen mit. Die Männer bildeten die arrogante, überhebliche, selbstherrliche Raketenmännchen-Front und die Frauen stärkten durch Zuspruch und Handauflegen meinen Rücken.

Zum Vorlesen des Briefes musste ich all meine Kraft aufwenden, doch diesen Schmerz wollte ich ein letztes Mal noch spüren, bevor ich die Amöbenhirne und den Raketenmann gedanklich in der Therme ertränkte. Artem aus Ochen schauspielerte dermaßen überzeugend, dass ich mich während meines Leidens am meisten auf ihn fixierte. Da ich feuchte Augen hatte, nahm ich meine Umgebung nur verschwommen wahr. Meine lieben Leidensgenossen flüsterten Zuspruch um Zuspruch, ohne sie hätte ich es nicht geschafft.

Nach diesen, für mich so befreienden Therapiestunden fragten mich einige aus der Gruppe, warum ich diese „Luftpumpe" nicht anzeigte. Material hätte ich in den letzten 19 Arbeitsjahren ja wohl genug gesammelt. In meinem Brief hatte ich unter anderem auch einige „unkoschere" Vorgehensweisen und Aussagen dieses „ach so gläubigen" Krämers beschrieben. Viele aus der Gruppe waren hiervon zusätzlich abgestoßen. Die Amöbenhirne wurden zu „Bovist Pilzen" erkoren, denn genauso aufgeblasen und hohl war ihr hinterlistiges, feiges Verhalten mir gegenüber.

Meine Gruppenmitglieder hatten jede Menge an kreativen Wortschöpfungen für den Krämer und die Bovistpilze, ich lernte einige neue Begrifflichkeiten kennen. Bea Bürstel, die beiden Helgas und Claudine waren mir so nah, wie danach nie wieder. Sie zeigten die Wut, die ich nicht empfinden konnte. Am Ende waren wir alle fix und fertig, viele der Teilnehmer hatten Tränen in den Augen und umarmten mich. Zum allerersten Mal hatten wir als Gruppe agiert und funktioniert.

Artem aus Ochen umarmte mich danach und erzählte mir, wie schwer ihm dieses Schauspiel gefallen sei. Er hätte lieber die Rolle des Beschützers eingenommen und dem Raketenmann gerne eine reingehauen. Artem aus Ochen, wir hatten immer einen Zugang zueinander.

Während der gesamten Zeit im Auenland wurde ich immer wieder gefragt, wieso ich nicht aus der Kirche austrete und was mich noch in diesem Verein halten würde.

Ich hatte keine Antwort darauf.

Artem aus Ochen

Artems Geschichte ist eine Geschichte der Depression, der gescheiterten Ehe und des Zerfleischens ehemals Liebender. Ein Mann wie ein Athlet oder Türsteher, und doch so verletzlich. Über dich amüsiere ich mich heute noch, wenn ich an die Situation denke, als Frau Rox uns alle in der Gruppe wieder heftig wegen fehlender Gesprächsbereitschaft rügte und ich ja von dir wusste, dass du es dir für die Stunde vorgenommen hattest. Als ich dich fragte, warum du die Gelegenheit jetzt doch nicht genutzt hattest, meintest du: „Jetzt erst recht nicht, soll sie doch maulen". Ich fand die Antwort so trocken und bockig, also gab es versteckt auch den bockigen Ochener.

Was ich dir allerdings nie verzeihe, ist das Abnehmen von 10 KG in drei Wochen. Damit macht man sich keine Freunde, das geht weder in der Knallerbergklinik, noch im realen Leben! So nicht Artem aus Ochen.

Bürstel-Bea

Bürstel-Bea nutzte einige Bewegungstherapiestunden, um in Rollenspielen Erklärungen für ihre momentane Lebenssituation zu finden.

Bewaffnet mit einer Thermoskanne arbeitete sie sich, mit einer großen Offenheit in ihrer bayrischen Seele, durch die vermeintlichen Schmutzflecken ihres Herzens. Sie, auf dünnen Beinen mit ausgesprochen schönen Fußfesseln stehend und Löckchen ums Köpfchen, war eine Elfe, die sich unbemerkt wegbeamen konnte. Wie oft war ich überrascht, wenn ich plötzlich wahrnahm, dass sie schnell auf dem Klo war und schwupp beim nächsten Wimpernschlag wieder dasaß, als ob sie nie weggewesen wäre.

Bürstel-Bea ließ niemanden im Regen stehen und gab immer eine Antwort, egal welches Thema besprochen wurde. Wir teilten unsere Liebe zu dem Film Ghost mit Patrick Swayze und Demi Moore, ebenso liebten wir das Lied „Always on My Mind" von Elvis. Vermutlich hätten wir noch mehr Gemeinsamkeiten entdeckt, wenn wir nicht so sehr mit uns selbst beschäftigt gewesen wären. Auch Bea hatte viel erlebt, sie blieb den Kindern zuliebe in einer Ehe, die schon Jahrzehnte keine mehr war und in der sie nach Liebe hungerte. Das gute Überspielen der

Probleme brachte neue Probleme mit sich, sie hatte sich von sich selbst entfremdet. Bea schaffte irgendwann den Absprung in ein eigenes Leben, mit eigener kleiner Wohnung. Sie litt Höllenqualen, da die Kinder bei ihrem Vater blieben. Die jetzt erwachsenen jungen Männer nützen Beas schlechtes Gewissen bis heute und holen sich alle erdenklichen Annehmlichkeiten von ihrer Mama. So lassen sich die jungen Herren mit 20 und 24 Jahren noch von ihr chauffieren. Das Leben hatte bei ihr viele Narben hinterlassen, sie hatte den Darmkrebs besiegt und war in vielen Stürmen ihres Lebens auf sich gestellt in einer Nussschale unterwegs. Sie ist eine der Heldinnen, die in ihrer Zierlichkeit und mit viel Liebe im Herzen allen Schlägen standhielt.

Auch sie möchte nach ihrem Aufenthalt, wenn sie wieder bayrischen Boden unter den Füßen hat, vieles anpacken und verändern.

Gutes für den Körper

Doch mit den Bewegungstherapiestunden war es noch lange nicht getan. Wöchentliches Walken um 7.00 Uhr gehörte genauso für Jeden dazu, wie das Muskeltraining und der Hallenausdauersport auf dem Rad oder auf dem Laufband. Wer noch Energie übrig hatte, konnte abends alle Geräte noch einmal nach Herzenslust benutzen. Gruß an Artem aus Ochen.

Bei der Walkinggruppe gab es 3 verschiedene Leistungsklassen. Ich war in der mittleren Klasse und befand mich damit inmitten der „freudigen Schnellgeher". Sicher war ich hier falsch. Wenn ich sah, wer alles in der „Siechen - und Lahmen Gruppe" war, wusste ich, wohin ich eigentlich gehören sollte. Vergeblich bemühte ich mich zu wechseln, aber der Chief- Instruktor ließ es nicht zu. Als ich das erste Mal den Schluss zierte, blieb ein junges Mädchen in meiner Nähe. Das Mädchen war so nett und doch so jung auch schon Patientin. Auch sie hatte es nicht eilig. Mein Mutterherz klopfte, wir blieben im Gleichschritt und redeten vom Wetter. Nach ca. 5min ging mir ein Licht auf, das junge Mädchen war keine Patientin, sie war im Dienst und ich genoss „betreutes Walken". So weit war es also schon gekommen, ich hatte meinen persönlichen Füsilier. Das nagte doch sehr an mir, ich biss die Zähne zusammen und schaute, dass ich nach vorne kam. Kimbel auf der Flucht holte ich nicht mehr ein. Doch ich versuchte mich als Tempomacher im Mittelbereich. So blieb ich bis zum Ende meines 6-wöchigen Aufenthaltes in der „freudigen Schnellgeher Gruppe", mit Schnappatmung und hechelnd, völlig überfordert. Während meines Elends hörte ich, sofern das Rauschen in meinen Ohren und mein Darth Vader-Atmen es zuließen, vom Chief- Instruktor allerlei über die Neubaugebiete, geplante Bauabschnitte, den Sämereien-Markt im Nachbarort, Sehenswürdigkeiten des Auenlandes und sonstige idyllische Auenlandflecken, die unbedingt besucht werden müssten. Der Chief-Instruktor rührte mehr in der heimatlichen Werbetrommel, als die Angestellten des Auenländischen Touristikbüros. Falls es irgendeine Verdienstmedaille in der Gemeinde gibt, hängt sie ihm um. Hängt ihm alle um, er als Vaterlandsfreund und Heimatkundler hätte sie mehr als verdient.

Barbarella war froh über meinen Status als Walkingbremse. Auch sie hatte Schnappatmung und war durch meine Anwesenheit gottlob nicht die Schwächste. Barbarella war eine politisch interessierte, sehr angenehme, feingliedrige Frau, die beruflich aus der Bahn geflogen war. Enttäuschungen mit Chef und Arbeitskollegen waren ihr genauso wenig fremd wie mir. Sie war kultiviert und höflich, konnte sich gewählt ausdrücken und war ein leidenschaftlicher Fantasy Bücher-Fan. Zu vielen Mitpatienten pflegte sie einen offenen Umgang, wenn ich sie aber unbemerkt beobachten konnte, stellte ich immer einen Hauch von Melancholie an ihr fest. Barbarella würde in einem Nobelhotel am Empfang einen wunderbaren Job leisten, die Wiederkehr der Gäste wäre sicher.

Auch sie war, wie Frieda, Claudine und Bea, mit von der Partie, wenn wir am Abend einen kurzen Spaziergang im alten Wald machten.

Hier im Auenland hatte ich den Ehrgeiz, meinem Körper Gutes zu tun. Die Motivation von Frau Marquis und Frau Rohrmann, unsere alten Kadaver noch einmal ohne Anabolika auf Vordermann zu bringen, war groß. Sie übertrug sich auch prompt auf unser Fitnessniveau und wir hechelten und traten voller Elan in die Pedale.
Nach 5 Minuten tat der Allerwerteste weh und ich wusste wieder, warum ich nicht gerne Fahrrad fahre. Ich hasse Schmerz, auch wenn es nur leicht schmerzt, ich mag ihn einfach nicht. Dennoch blieb ich die ganzen 6 Wochen am Ball. Sagen wir mal „ich blieb gedanklich am Ball". Ich hatte ja von der Ärztin des Hauses, Frau Wartung, als ich krank war die Empfehlung bekommen, ein paar Tage keinen Sport auszuüben. Sie war sicher mit mir einer Meinung, die fehlende Ertüchtigung in diesen Tagen nun mit Spaghetti Eis und Chips zu füllen. Und ich

war ein folgsamer Patient. Während meiner Krankheitsphase und auch danach unterstrich ich meine Sportlichkeit durch das Tragen von Jogginghosen – so sah ich immer einigermaßen aktiv aus.

Die Muki-Bude war allzeit gut besucht und vor allem die Herren pflegten hier die Erfahrung des Ur-Schreis. Eines Abends am Laufband mit Walkman im Ohr, hörte ich so ein heftiges Gestöhne, dass ich das Band anhielt und erst beobachten musste, ob der Mann Hilfe benötigt, oder er sich für den stärksten Hengst auf der Koppel hielt. Nun, es war die Hengst - Sichtweise, die ihn übermütig schreien ließ. Vermutlich sah er nach einem langen Winter das erste Mal wieder frisches Gras. Viele Männer mutierten in den Wochen des Aufenthaltes zu wahren Sportfanatikern. Frau Rohrmann kommentierte die Maschinengewichte der angehenden Bodybuilder mit den Worten "jo, mached eich halt hee" (=Ja, macht euch doch kaputt).

Kunsttherapiestunden

Eine weitere Säule der Knallerbergklinik ist die Kunsttherapie von Frau Wirthentochter. Sie begegnet jedem Patienten mit wachem Blick und gleichem Interesse. An den Beinen eine Culotteshose oder mit kurzem Rock und einer Leggins erkennt Frau von Welt an ihr, was modisch gerade on vogue ist. Frau Wirthentochter nahm jede Aussage ernst und sachlich entgegen, fragte bei fast allen getätigten Bemerkungen nach, um zu erfahren, an was für einem Kunstwerk Jeder arbeitete. Selbst die immer wiederkehrende Aussage von Nenad "Geht gut, habe Tremor.", nahm sie jedes Mal interessiert entgegen und wandelte sie in eine ausführlichere Aussage um. „Sie meinen, Sie haben heute Nacht gut geschlafen, Sie sind ausgeruht und können sich aktiv beteiligen, sofern es Ihre Krankheit zulässt?". Er hörte sich die Umwandlung kritisch an und nickte bekräftigend dazu. Vermutlich war er dabei von seiner eigenen Aussage begeistert. Ich jedenfalls war es. Fantastisch, was Frau Wirtentochter aus den Nenad-Worten raushörte. Auch ich versuchte mich in der Interpretation und fragte ihn in einer freien Minute, ob er am Samstag auch zu der angebotenen Wanderung mitgehe. Seine Antwort lautete: „Meine Diese nix gut gehen." Aha, ich konnte diese Aussage so spontan nicht gut übersetzen und haspelte als Antwort, dass ich noch nicht wüsste, ob ich mich anmelde. Danach war für uns Beide das Gespräch zu Ende. Frau Wirthentochter hätte sicher gesagt: „Sie meinen, der Frühling lässt sein blaues Band wieder flattern durch die Lüfte; süße, wohlbekannte Düfte streifen ahnungsvoll das Land. Sie meinen, sofern es Ihr Befinden zulässt, gehen Sie mit. Doch wenn es Ihnen nicht gut geht, bleiben Sie hier." Er hätte sicher aufmerksam gelauscht und dies nickend bestätigt.

Nenad wurde kein einziges Mal von der Muse geküsst und er war wenig gewillt, etwas zu malen oder an einem Speckstein zu arbeiten. Er stand halt so rum, aber das konnte er gut.

Sam war ebenso geneigt, seine kostbare Therapiezeit nicht mit Kunst zu vertrödeln. Er versuchte sich als Entertainer und unterhielt sich gerne mit den Damen der Gruppe. Öfters war er auf 10 Minuten weg. Ich nehme an, er musste Irgendjemandem Rauchzeichen zukommen lassen. Auch wollte er die auenländische Kunstszene in ihrer Ursprünglichkeit belassen, in ihm steckte kein zweiter Marc Chagall oder Jackson Pollock.

Die Nachwelt wird ebenso auf alle unsere psychodelischen Werke verzichten. Eines meiner Werke, die sich langsam erhebende Moorleiche, ist mir heute noch wichtig.

Bea entdeckte ihre künstlerische Ader und malte jede Menge Kunstwerke mit Acrylfarben und Haaröl für ihr Zuhause. Die Meinung zu ihren Werken ging von „fantastisch" bis hin zu „brennt ja gut". Bea war es einerlei, die Werke machten sie glücklich und das war die Hauptsache. Für mich waren die Therapiestunden bei Frau Wirthentochter wunderbar belebend und ein erster Lösungsweg, um aus meinen Gedankenspiralen, die besonders in der Nacht präsent waren, herauszukommen. Sie begeisterte sich für jedes Bild, das wir Patienten anfertigt hatten, um unsere aktuelle Situation zu verarbeiten. Ich malte und malte, Lebenslinien, Mauern, noch mehr Lebenslinien, einen Eisberg, ein Haifisch- und Monsterbecken und immer wieder Lebenslinien. Frau Wirthentochter erlaubte mir, Aquarellfarben auszuleihen, so malte ich auch, in meinem Vokabelheft, zu jedem mir wichtigen Aspekt, Satz oder Spruch ein Bild dazu. Die freien Gestaltungsräume bekamen nun allabendlich Besuch von mir. Ich malte fast schon manisch immer wieder Lebenslinien in immer bunteren Farben.

Ein Bild ist nun bei Artem aus Ochen. Möge es in seinem Leben bunt bleiben. Nach Nenad folgte Helga, nach Sam die Bürstel-Bea in die Gruppe, so blieb alles im künstlerischen Gleichgewicht.

Bei den Specksteinen entstanden unentwegt Symbole, oft religiöser Art. Es waren Erinnerungen für Verstorbene oder spirituelle Werke, die den Werkenden an prägende Lebensphasen erinnerten. Es würde dem Papst seine roten Seidenschühchen ausziehen, wenn er mitbekommen würde, wie wichtig die Religion und ihre Symbole für Schmerzpatienten sind.

„Wo kann meine Seele Ruhe finden?"

Erzählungen von Lebenswegen, Problemen und tiefer Traurigkeit

Helga Blond war eine weitere Patientin der Klinik. Ihr Karma bescherte ihr immer wieder Männer, die sie ausnutzten und ihren Narzissmus lebten, leider immer auf ihre Kosten. Sie hatte mit 2 Jahren ihre Mutter verloren und gab sich die Schuld daran. Im Laufe der Klinikzeit konnte sie ihre Schuldgefühle ablegen und ihren Frieden mit dem frühen Tod der Mutter schließen. So öffnete sie sich auch zum ersten Mal ihrem Vater und erzählte ihm von ihren Schuldgefühlen, die sie schon ihr ganzes Leben mit sich herumtrug. Es fand das Erste von vielen wunderbar heilenden Gesprächen zwischen den Beiden statt. Helga hörte nun auch aus seinem Mund, dass sie niemals schuld daran sein konnte, wie alles gekommen war. Was für eine Verirrung, sicher war auch ihr Vater über die Fehlgänge ihrer Gedanken sehr bestürzt. Er war sein Leben lang Pastor und für alle Belange seiner Gemeinde zuständig. Doch hatte er nie bedacht, wie wenig er den Tod seiner ersten Frau und Mutter seiner ersten drei Kinder mit ihr aufgearbeitet hatte.

Das Problem mit den Narzisstenmännern, sowie ihre anhaltende Schlaflosigkeit hoffte sie, hier in der Klinik lösen zu können. Da das Dreamteam aber Wert darauf legte, die Patienten Lösungen selbst erarbeiten zu lassen, war Helga auf dem langen Weg zu sich selbst. Jetzt in der 4. Woche hatte auch sie ihre Zelte bei diesem Thema näher am Wasser aufgebaut. Es bröckelte die Mauer um sie herum, sie weinte schnell und die Erinnerung an verdrängte Erfahrungen holten sie ein. In der Lehrzeit wurde sie von ihrem Arbeitgeber sexuell bedrängt, sie hatte es bis dato nicht mehr gewusst. Wenn es einen Bumerang des Schicksals gibt, hoffe ich, dass eine fliegende Friseurschere bei ihm auf ein bestimmtes Körperteil trifft. Helga ist ein wunderbarer liebenswerter Mensch, ich wünsche ihr von ganzem Herzen Klarheit, die sie in der Zukunft vor solchen Egomanen schützt. Ich wünsche ihr eine Sichtweise, die sie in ihrem Leben bestärkt und sie Fallstricke erkennen lässt, bevor sie ihr zum Verhängnis werden. Sie hat so eine innere Wärme und Verletzlichkeit, Helga, hol den Besen raus und reite auf den Blocksberg. Hex, hex.

Auch Roxanna´s Weg war gepflastert mit Preisträgern der Gruppe "Arschloch und Matcho". Sie hatte einen Prachtkerl zuhause gehabt, der auch mal ordentlich Dampf ablassen konnte. Wenn Roxanna dann im Weg stand - und dafür hatte sie ein Talent - war die Zielrichtung der Fäuste klar. Aber das allein reichte noch nicht aus. Völlig erschöpft, mit letzter Kraft seine Bierflasche haltend, konnte der faule Schwachkopf nur noch Runden ums Sofa tätigen. Einer geregelten Arbeit nachzugehen war dem Prachtexemplar nicht möglich. Roxanna war eine schillernde, reife, grellblonde Schönheit des Ostens. Ihre Glitzerschuhe und ihre goldene Bomberjacke, dazu die weiße, strasssteinverzierte Handtasche ergaben einen besonderen Augenschmaus. Sie war hungrig, hungrig nach Leben. Ihr Motto war „scheiße passiert halt " und „Lebe geht waiter".

Einmal kam es durch sie in einer Gruppensitzung zu einer Auseinandersetzung, da sich Johanna wegen ihres unerfüllten Kinderwunsches von Roxanna nicht verstanden gefühlt hatte. Ihre Bemerkung: „Was machst du erst, wenn du richtige Probleme hast?", war Johanna bitter aufgestoßen und nach einer durchärgerten Nacht verbalisierte sie dies auch vor allen Gruppenmitgliedern. Für Roxanna war das eine Bloßstellung, ich konnte ihr von der Stirn ablesen, dass sie es nicht gut fand, die Diskussion vor allen Teilnehmern zu führen. Sie zerfranste sich in Worthülsen, aber ich bin mir sicher, dass sie ihre ursprüngliche Meinung beibehalten hatte. Roxanna selbst hat nur einmal länger aus ihrem Leben erzählt, zum Schluss meinte sie, sie könnte Dinge erzählen, die würden wir nicht glauben. Wir alle haben ihr diese Aussage sofort geglaubt. Roxanna hatte ihren Preisträger wohl schon einige Zeit vor dem Klinikaufenthalt aus der Wohnung rausgeworfen, sie kam kurz bevor sie wieder nach Hause ging zu dem Schluss, dass sie als erste Aktion das Sofa, auf dem er immer gesessen hatte, jetzt auch rauswerfen würde.

Die oben erwähnte kinderlose Johanna war Ende 30 und lag mit ihrer Mutter im Dauerstreit. Sie hatte ihr verboten, sie in der Klinik zu besuchen. Johanna war verheiratet und eine warmherzige Person, die jedes zu ihr gesagte Wort mehrfach analysierte. Ich nehme an, auch aus diesem Grund waren wir Gruppenmitglieder ihr gegenüber sanftmütig und vorsichtig in unserer Wortwahl. Allerdings überspannte Johanna den Bogen in der einen oder anderen Gruppentherapiestunde, ihre Gesprächsinhalte blieben mitunter trivial. Ich nehme an, dass Roxanna dies auch so sah. Johannas Schwierigkeiten und Angelegenheiten entzogen sich dem Denken der Gruppe. Teilweise wirkten ihre Aussagen narkoleptisch auf die ganze Gruppe und keiner brachte sich mehr ein. Ab und an entstand nach endlosem diskutieren auch eine gereizte Stimmung. So diskutierten wir darüber, ob der Partner bei einer neuen Frisur mitentscheiden sollte, über den Erziehungsauftrag der Kinder an die Eltern, über ihr Problem mit Zahlen zu arbeiten, usw. Jella war eine der Wenigen, die sich begeistert auf jedes Thema von Johanna stürzte und, das musste man ihr lassen, es ganz geschickt zu ihrem Thema machen konnte. Auch Peta Petra konnte viele

Themen so ummünzen, dass ihre geliebten Tiere imaginär mit in der Gruppenstunde saßen.

Bis zu einem gewissen, nicht erkennbaren Punkt ließen die Therapeuten die Gespräche laufen, dann jedoch wurde von ihnen eingehakt und es ging nach der Oberflächlichkeit in den Keller. Frau Ächler brachte ihre Frage: "Sind sie jetzt wütend?", Herr Carzola kam mit seiner neuen Denkweise-Frage und Frau Rox stellte einen roten Faden zusammen.

Wenn Johanna allzu betrübt war, fuhr sie mit dem Auto in eine nahegelegene Stadt und ging dort alleine ins Kino. Mit auf dem Kinositz waren ein Piccolo und ein riesengroßer Becher Popcorn. Am nächsten Tag war sie dann wieder besorgt um ihre Figur. Der XXL-Becher und die Figur Sorge wechselten sich regelmäßig ab. Auch zu Johanna hatte Sam eine eigene Meinung, die er auf den Nenner brachte: „Ich würde mir die Kugel geben, wenn die meine Frau wäre". Nun, dies war unwahrscheinlich, da Johanna und Sam sich so fremd waren wie der Himmel der Hölle. Eine Traumhochzeit würde es hier nicht geben. Sie konnten sich nicht ausstehen, es wunderte niemanden, dass hier des Öfteren Meinungsverschiedenheiten auftraten, bei denen Sam dann irgendwann wegging und Rauchzeichen produzierte. Johanna beschwerte sich des Öfteren über seine unsensible Art bei ihrem Therapeuten und er bekam dann einen verbalen Einlauf.

Die zweite Helga in unserer Gruppe suchte nach schnellen Lösungen und Wege für ihre Probleme. Ich nenne sie Austern-Helga. Immer in Eile, immer unter Strom. So gehetzt, tat sie sich sehr schwer, einen Gedanken festzuhalten und ihm nachzuspüren. Die Menschen in ihrem Leben waren von Kind an hart mit ihr umgesprungen und sie hatte in all den Jahren ihre Austernschale nur kurz geöffnet, ausgeteilt und eingesteckt, um sie dann wieder verwundet zu verschließen. Jetzt war sie hier und wollte gefälligst Pronto klare Aussagen, in welche Richtung sie zukünftig gehen sollte. Ganz so wie sie, aus der Gastronomie kommend, ihre Aufträge auch schnell erledigen musste. Austern-Helga prallte auf Frau Ächler und nun war sie, die Gehetzte, mit einer sehr einfühlsamen entschleunigten Therapeutin konfrontiert, die in keinster Weise vorhatte, Ratschläge und Tipps pronto zu liefern. Helga hat sich dann auch nach kurzer Zeit bei Frau Rox über Frau Ächler beschwert. Ich vermute, sie brauchte einfach noch einen Nebenschauplatz. Damit federte sie die Konfrontation mit sich selbst ab und konnte in irgendeiner Form die Kontrolle über die Situation behalten.

Das war das Lästigste in der Knallerbergklinik, die Vernetzung der Angebote und der Pflegekräfte war so engmaschig, es regnete warme klare Gedanken, Selbstwert und Selbstfürsorge auf mich herunter. Wer den Aufenthalt hier allerdings als Zwischenparken sieht, wird sich fühlen wie in Mordor.

Austern-Helga wurde aber mit der Zeit eine sehr gute Themenfinderin. Viele lebhafte Gruppensitzungen gehen auf Themen von Austern-Helga zurück. Dabei waren es immer Themen, die wir alle kannten. Schlaflose Nächte, Gedankenkreise, Unsicherheiten im Alltag, Antipathien, Schnellschüsse und ihre Folgen und so weiter.

In diesen Themen konnten wir uns alle wiederfinden und es war leicht, eigene Beispiele hinzuzufügen. In den fest terminierten Treffen wurde mir bewusst, dass jeder ein Paket mit Traurigkeit, Ohnmacht, Schmerz... mit sich herumträgt. In diesen Sitzungen lernte ich, mich zu überwinden und etwas von meinem persönlichen Schmerz zu erzählen. Ich erzählte von der Zeit, in der ich emotional in einem totalen Ausnahmezustand lebte. Mein Mann hatte eine Gehirnblutung und deshalb mit vielen Behinderungen zu kämpfen. Ich war voller Verlustängste. Unruhe und Panik waren Dauergäste in meinem Alltag. Parallel dazu versuchte ich, meine sehr anstrengende berufliche Führungsposition auch noch hervorragend zu meistern. Ich betrieb keinerlei

Selbstfürsorge und auch vom Jahrmarktskrämer kam kein einziger Fürsorgegedanke. Im Gegenteil, es wurden noch mehr Anforderungen und Aufgaben an mich gestellt. Die Amöbenhirne jammerten hinter meinem Rücken beim Jahrmarktskrämer und er schenkte ihnen nur allzu gern Gehör. Ihrem Beruf entsprechend hatten sie sich verhalten wie Kinder, deren Mama keine Zeit mehr für sie hatte. Ich überließ die Schmutzwäsche denen, die das Naturell dafür hatten, diese mit Freude zu waschen. Zutiefst verletzt von der Hinterlistigkeit, der Verschlagenheit und den Dolchstößen von Menschen, denen ich meine Kraft, Offenheit und Zuneigung geschenkt hatte, versank ich in eine tiefe Traurigkeit, aus der ich selbst nicht mehr herausfand.

Verletzungen, Fehleinschätzungen, Themen gab es so viele, wie traurige Menschen in unserer Gruppe. Viele waren hier, weil auch sie von geachteten, geschätzten Menschen ein Schwert im Rücken stecken hatten.

Zum Teil waren die Lebenswege so hart, dass die Erzählungen uns alle überforderten. Was willst du als „Ich- Botschaft" von dir geben, wenn du eine verwaiste Mutter vor dir hast. Was willst du Tröstendes sagen, wenn ein Vater erzählt, dass sich sein Sohn aus heiterem Himmel suizidiert hat? Wiederum eine andere Mitpatientin erzählte, wie ihre Tochter missbraucht wurde und eine andere Patientin von einer

Gruppenvergewaltigung, was willst du denn da mitreden? Es gibt so viel Leid und es gibt so viele Themen, die mich als Mitpatienten forderten und überforderten, mich sprachlos machten.

Die Regel „alle Probleme sind gleichwertig " stimmt eben nur für den begrenzten minimalen Zeitraum des Gruppengesprächs. Es gibt unendlich viele schmerzhafte Ereignisse, die ich als Außenstehende kaum in Worte fassen kann.

„Gemeinsam einsam"

Klo-Fritze und Hippel

Es gab aber auch Probleme, die nicht auf Anhieb und nicht von vielen als solche erkannt wurden. Jetzt haben Klo-Fritze und Hippel ihren großen Auftritt in meinem Märchen.

Klo-Fritze war ein Quell an Weisheiten und guten Ratschlägen. Ein ganz bemerkenswerter Ratschlag hat mich nachhaltig beeindruckt. „Wenn du eine Frau suchst, die keine Wiederworte gibt und keine Lust zum Streiten hat, dann musst du in einer Psychosomatischen Klinik nach einer schauen." So hatte er das bei sich gemacht, stolz erzählte er davon. Die Zuhörer und sein Fan Rainer hingen gebannt an seinen Lippen, ich fand, Rainer behielt über die ganze Klinikzeit einen suchenden Blick.

Alle paar Wochen wurden Patienten zum Forum eingeladen, dort wurde uns die Möglichkeit gegeben, Unklares zu klären und Beschwerden, bzw. Ärger, weiterzugeben. Der Chefarzt himself, Doktor Sahn, war gewillt, seine kostbare Zeit in diesen wichtigen Forumstermin zu setzen. Nach dem Motto: „Immer am Puls der Patientenwünsche" kam er leicht erhitzt und in enger Jeanshose herein, bereit, diese Wünsche entgegenzunehmen. Zu seiner Unterstützung war eine fachlich kompetente zweite Person mit dabei, so bestand auch für Dr. Sahn die Möglichkeit, jede Beschwerde nonchalant weiterzuleiten. Seine Hemdenknöpfe kämpften eben so sehr um eine lässige Haltung wie der ganze Mann. Er erinnerte mich immer irgendwie an den wilden Westen und wenn er so locker, den Ellbogen am Pult aufstützend, dastand, sah er aus, als ob man ihm das Pferd weggeschossen hätte. In seiner Aura wehte immer einen Hauch von 12 Uhr mittags.

Bei einem dieser Foren beschwerte sich Klo-Fritze, dass die Toiletten nicht richtig gereinigt werden könnten. Der Innenrand ließe sich mit der vorhandenen Bürste quasi nur unter vollem Körpereinsatz säubern. Er selbst hätte dieses Problem bei sich zuhause auch gehabt und sei dann konsequent in eine andere Wohnung gezogen. Warum Klo-Fritze nicht einfach eine neue Schüssel einbauen ließ, werde ich wohl nie erfahren. Beim zweiten Forum waren es die nicht vorhandenen aerodynamischen Klobürsten die wesentlich zur Sauberkeit beitragen würden, die Klo-Fritze ärgerten. Dr. Sahn, Cowboy wie er war, gab mit Pokerface dieses gewichtige Anliegen an seine Mitarbeiterin weiter. Es war ihm nicht anzusehen, ob er über die Gesamtsituation der Klobürstenwünsche in der Klinik informiert war, oder ob er im Klobürstenbereich schon selbst interveniert hatte. Ich bin mir sicher, Klo-Fritze wird bei seinem nächsten Klinikaufenthalt, der sicher ist, die Klobürsten und die Toiletten wieder thematisieren.

Seit dieser Zeit gehe ich immer etwas „Klobürstenaffin" durch die Baumärkte und halte nach aerodynamischen Bürsten Ausschau. Ich bin mir jetzt schon sicher, dass die nächste in meinem Haushalt befindliche Klobürste auf mehrere Eigenschaften hin von mir überprüft werden wird. Aber auch bei Klo-Fritze gab es eine zweite Seite, die des lieben, smarten, höflichen, immer für einen Spaß zu begeisternden Lausbuben, der eine Anhängerschaft an Frauen hatte und diesen Hahnenstatus auch pflegte.

Auch Hippel war ein ganz eigener Menschentyp. Wir waren uns nicht sympathisch und traten uns stets Gleichgültig gegenüber. Wir ignorierten uns in trauter Harmonie, selbst wenn wir durch Zufall nebeneinandersaßen. Immerhin hatten wir ja schon einen tiefgreifenden gemeinsamen Moment: Übernervös kam er am gleichen Tag wie ich in der Klinik an. Konfus wie er war, fiel seine Tasche auf einen meiner Koffer. Sogleich kam er in eine unangemessene Hektik, die sich sofort auf mich übertrug. Ich zerrte meinen Koffer mit herzhaftem Schisslaweng zur Seite, er aber hatte seine Hand so an dem Gepäckstück platziert, dass er mit zur Seite stolperte. Er war gewichtsmäßig auch nur ein Flatterhemdchen und geflattert hatte er ja schon vorher. Ich ignorierte sein Stolpern, mehr fiel mir grad auch nicht ein. Als ich, nach dem Entzerren des Koffers, in meinem Zimmer ankam, war ich zutiefst unsicher und übernervös. Meine Güte, wo war ich nur gelandet. Mein Hasenherz drehte Flickflack.

Das Flattern von Hippel wurde bei ihm recht schnell durch Besserwisserei ersetzt. Nach der ersten Woche prahlte er, er hätte schon Verbesserungsvorschläge in den dafür vorgesehenen Briefkasten geworfen. So emsig, das flatterhafte Insekt, er hatte Boden unter den Füßen gewonnen. In den nächsten Wochen sah ich ihn in der W-Lan Lobby mit seinem Handy spielen, teilweise hatte er auch zwei dabei. Hippel war sehr oft mit den handyspielenden, jungen Erwachsenen zusammen, hier verband vermutlich die Liebe für Spiele-Apps Alt und Jung. Die Gespräche unter den Gamern waren sehr mäßig. Sie setzten sich nebeneinander, schauten dabei aber auf ihre Handys, ab und an kam ein stöhnen oder ein disharmonisches „Scheiße", „Oh Mann", oder Ähnliches, damit war dann alles gesagt. Stan Lee hätte seine Freude gehabt, die Superkraft Omnilingualismus war hier real. Wie die Freundschaft unter den Marvel-Helden funktionierte wurde mir nie so ganz klar.

Bevor es ganz schräg wird, muss ich noch hinzufügen, dass Hippel mit einigen Damen auf gutem Fuß stand. Die von ihm bevorzugte Schönheit war ebenso klarsichtig wie er. Auch sie konnte recht forsch und schnell

Verbesserungsmöglichkeiten rund um den Klinikalltag einbringen. Vermutlich sah sie das auch von oben her besser, hatte sie doch meistens hohe Schuhe an. Wie sie das schaffte war bemerkenswert. Bei ihren Beinen gab es einen recht prallen Umfang und die Highheels harmonisierten nicht wirklich mit ihnen. Je nach meiner Befindlichkeit und ihrer Schlaumeierei fand ich diese Bein-Highheel-Kombi lächerlich oder mutig. Redlich bemühte ich mich, auch ihr nicht zu begegnen. Leider ließ es sich manchmal nicht vermeiden, und da sie alle in ihrer Umgebung an ihren fantastischen Ideen, Verbesserungen, oder ihrem traumhaften Leben teilhaben lassen wollte. Sie redete in einer Lautstärke, die alle anderen schweigen lies. Die Weltverbesserin arbeitete, ihren Aussagen zufolge, erfolgreich bei Porsche in leitender Funktion. Ich war heimlich sehr beeindruckt, bis ich sie einmal aus ihrem Auto aussteigen sah. Es war ein alter Fiat Panda, ha ich traute meinen Augen nicht, ein alter, popeliger Fiat Panda. „Miss Porsche Highheel" in einem klapprigen alten Panda, danke Karma für diesen einzigartigen Moment, gerade zu der Zeit über den Parkplatz zu gehen, als sie ausstieg. Karma du bist Klasse!

Bei einem neuerlichen Forum, neben sich Klo-Fritze, beklagte Hippel einmal den fehlenden Wasserkocher in der Cafeteria und, dass er in der Nacht keine Möglichkeit hätte, heißes Wasser zuzubereiten. Bürstel-Bea und mir wurde es zu bunt, jetzt mussten wir mal was klarstellen. Dem größten Helden im Legoland war noch nicht aufgefallen, dass an der Kaffeemaschine auch ein Heißwasserrohr angebracht war. Ein Wasserkocher war daher gar nicht nötig. Kleinlaut maulte er vor sich hin. Hauptsache gemeckert!

„Die Auferstehung der Moorleiche"

Qi Gong - Tschi Gong - tsching, tschang, tschong

Die Pflegekräfte in der Klinik waren zum allergrößten Teil sehr zuvorkommend und fürsorglich. Die für mich zuständige Pflegekraft, Frau Schulz, war ein beeindruckendes Persönchen, mit einer Kraft und Power, die mich mitriss. Sie war wie der Dschin aus der Flasche, wie komprimierte Energie, mein Schwungrad, meine persönliche Photovoltaikanlage. Bei den Zimmervisiten von ihr ging so viel Energie auf mich über, dass ich nicht in meiner Depri-Phase versank. Von ihr habe ich die Mantras "Weinen tut gut", und "Sich selbst wert sein". Bei unserer letzten Teamvisite trichterte sie mir ein: „Es lohnt sich nicht, die Aufmerksamkeit auf Menschen zu richten, die gemein zu ihnen waren." Sie hat ja so Recht! Als Anerkennung für ihre Mühe, werde ich diese Aussage von ganzem Herzen umsetzen.

Während meines Aufenthaltes bekam ich eine heftige Erkältung. Die Ärztin, Frau Dr. Weichung, verordnete mir Ruhe und schickte mich umsichtig in Zimmerquarantäne. Eine Erkältung war für mich immer eine lästige Sache, doch nichts, bei dem ich mir sonst so viele Gedanken machte. Zuhause legte ich mich im Bedarfsfall aufs Sofa, jammerte und maulte ein wenig, kassierte ein paar Sprüche von meinen Lieben nach dem Motto: „Was dich nicht umbringt macht dich hart!", und wurstelte weiter.

Hier wurde ich von den Damen mit Mundschutz umsorgt. Wenn meine Gruppenmitglieder sahen, wie vermummt die Pflegerinnen aus meinem Zimmer kamen, waren sie sich sicher: „Hier grassiert die Cholera."

Doch nach einem Tag und ordentlich vielen Schlafstunden ging es mir besser, jetzt ging es nach dem Motto „Was alleine kommt, kann auch alleine wieder gehen.", weiter.

Dieses Umsorgen, die Achtsamkeit, das intensive Beschäftigen mit sich selbst, das ist mit einem Grunde, wieso ich mich hier im Auenland als meinen Zustand selbst bezeichnende Moorleiche aus dem ganzen Drecke, der mich festhielt, befreien konnte.

Auch Qi Gong, die Wärmebehandlungen und "fit für den Alltag" wirkten gegen meine Starre an.

Qi Gong Übungen beim zweiten Sonnenstrahl am Morgen zu absolvieren? Diese Welt war mir fremd. Ich wusste bis dahin nicht einmal, wie es ausgesprochen wurde. Aus "Tschi Gong" machte ich "oui tschong ", der Sprachakrobat in mir erfand aber auch "tsching, tschang, tschong". Einerlei, ich konnte mich auf alle Entspannungsübungen einlassen und bin mir sicher, Frau Reiff war zufrieden und im Einklang mit mir und den Elementen.

Als ich dieses halbe Portiönchen das erste Mal sah, wusste ich sofort, sie hatte ihr Leben nach Qi Gong ausgerichtet. Sie war naturtrüber Apfelsaft pur. Da stand sie, im vermutlich selbstgewebten, bei Vollmond moosgrün eingefärbten Hängekleidchen, mit weichen, winzigen Lederschühchen aus dem Hause Liliput, natürlich grauen Haaren und sprach in ihrem angenehmen Dialekt Perlen der Weisheit. An anderen Stunden Qi Gong erklang fernöstliche Meditationsmusik. „Achtung, erst beim Glöckchenklang beginnen." Frau Reiffs Größe entsprach vermutlich dem asiatischen Gardemaß, doch ich erlebte dieses kleine Menschenkind wie sie Artem aus Ochen, einen Mann kurz vor der 2 m Grenze, zur Schnecke machte. Durch sein 1minütiges zu spät kommen, musste er sich fragen lassen, ob er immer Grenzen überschreiten würde. Da tanzte aber die Laus im Pelz. Artem wurde innerhalb von Sekunden zum kleinen Schulbuben, der schuldbewusst vor sich hin begründete. Locker stellte sie ihn in die grüne Ecke. Ralf, der die ganze Qi Gong Stunde verschlafen hatte und charmant, verzweifelt eine kleine Show einlegte, bekam kein böses Wort. Natürlich habe ich Artem nachher schallend, boshaft und mit großer Freude ausgelacht.

Ralf war eine ganz besondere Evolutionsbremse. Er versuchte sich bei allem und Allen so durchzumogeln. Er war aalglatt, charmant und großmäulig. Einmal gab er mir viele Tipps wie ich mich bei Alkoholtests clever verhalten kann. Da ich wie er im Wartezimmer saß, konnte ich nicht weggehen. Auch hielt es ihn nicht vom Reden ab als ich ihm erklärte seine Tipps seien bei mir völlig daneben. Das wirklich amüsante an Ralf und seiner Schläue war der Aufkleber auf seiner stets mitgeführten Umhängetasche. Darauf stand „Rot sind die Rosen, die Veilchen sind blau, ich bin ein Schizo und blau bin ich auch." Clever geht anderst.

Bei Frau Reiff lernte ich bewusst zu atmen. Ahja, ich dachte immer, das Atmen sei das Einzige, was bisher immer gut funktioniert hatte, ohne mir da noch einen Kopf zu machen. Also atmete ich so vor mich hin, erinnerte mich ein wenig an den Schwangerschaftssport vor gefühlten 100 Jahren und versuchte mich auf das beruhigende Reden und die Klingklangtschingtschang-Musik einzulassen. Atmen, atmen, atmen ein, aus, atmen, atmen …. War ich zum Walross mutiert? Ich hörte meinen Atem immer lauter, dann fing ich an, aus den Augen zu Schwitzen. Ich weinte, und konnte es nicht verhindern. Schon wieder, dennoch war ich fasziniert, was plötzlich in mir geschah. In einer ganz eigenartigen Stimmung tropfte ich den ganzen Tag noch so vor mich hin. Mittlerweile konnte ich hemmungslos und überall weinen, es lohnte nicht, die Brille aufzusetzen.

Ein anderes Mal übten wir uns bei Frau Reiff im bewussten Gehen, damit wir noch mehr das Haupt erheben, sollten wir uns vorstellen, ein Krönchen zu tragen. Auch diese imaginäre Krone behielt ich lächelnd den ganzen Tag auf.

Manche lehnten gleich zu Beginn Qi Gong und „fit in den Alltag" ab. Schade, sie haben sich selber um wohltuendes Spüren gebracht, wenn du dir selbst wichtig bist, dann kannst du aus jeder Therapiestunde etwas für dich und dein Leben mitnehmen.

„Die Kraft des Heiligen Geistes"

Nervige Gewohnheiten

Es blieb bei dem ganzen Klinikalltag aber auch etwas Zeit übrig, um mit einzelnen Menschen aus der Gruppe etwas zu unternehmen, oder für sich selbst etwas zu tun. An manchen Tagen ist einfach keine Energie mehr da, zumal die allermeisten von uns nicht durchschliefen. Es war immer etwas Besonderes, wenn ein Gruppenmitglied erwähnte, gut geschlafen zu haben.

Frau Rox empfahl uns lächelnd, den Wecker so aufzustellen, dass wir beim Aufwachen nicht sehen, wie spät es ist. Ansonsten würden wir, durch die Gelehrigkeit unseres Gehirns, jede Nacht um die gleiche Zeit aufwachen. Ich befolgte den Rat die ganze Aufenthaltszeit über, jetzt wusste ich zwar nicht mehr, wann ich wach war, aber wach war ich trotzdem.

Trotz vielen übermüdeten Patienten war tagsüber oft ein Gesummse um mich herum. Vor allem im Speisesaal, bei der Essensausgabe, war ich ganz irritiert von so viel vermeintlichem Hummelflug. Viele Menschen summten vor sich hin. Bevor ich in die Klinik kam, fiel mir das nie auf. Erst hier bemerkte ich diese Eigenart. Ich gestehe, es ging mir tierisch auf den Wecker. Warum gesummt wird, keine Ahnung. Vielleicht waren alle schon fertig mit dem bewussten Atmen und übten jetzt eine mir unbekannte Om-Form. Ein Mann mit dem Tablett in Hand, Besteck suchend, ging an mir vorbei und flüsterte fortwährend vor sich hin, „jetzt bekomm ich gleich den Schnapper oje, oje, ha jetzt bekomm ich gleich den Schnapper." Es konnte ja durchaus sein, dass er vorher beim Chief-Instruktor walken war, dann hätte die Aussage ja wieder gepasst.

Vor kurzem war ich Zuhause in einem großen Bekleidungshaus bummeln, ganz vertieft in die Schnäppchen, wurde ich plötzlich durch das Summen einer Frau abgelenkt. Ja, es geht mir auch hier auf den Wecker. Ich versuchte, Abstand zu halten, doch leider war dieses sanfte „Wohlgesumme" über mehrere Kleiderständer hinweg zu hören.

Warum das meine malträtierten und an viel Kinderlärm gewöhnten Gehörgänge so triggert, bleibt mir ein Rätsel. Nun, ich ging ohne Schnäppchenkauf wieder heim. Zum Gesummse kann ich ein klares Statement abgeben: „Leute, hört ihr euch eigentlich selber summen? Ja?- nein?- hört bitte auf, in der Öffentlichkeit zu summen, der Luftraum ist für uns alle da, es ist Lärm, eine saublöde Angewohnheit, gewöhnt euch doch einen anderen Tic an, wie z.B. das Luft anhalten oder sprecht vor euch hin „Jetzt bekomm ich gleich den Schnapper, ha, jetzt bekomm ich gleich den Schnapper." Das hat doch was!

Der Abschied

Ein sehr altes Ehepaar, vermutlich hatten sie ähnliche Gene wie Jopi Heesters, war für fast alle Patienten ein Augenschmaus. Wie sie da zu zweit den Flur entlang wackelten, es war ein Bild, welches unsere Herzen wärmte. Wenn man hinter ihnen her ging, bekam man unweigerlich ihre Gesprächsinhalte mit. Sie hatten viel damit zu tun, sich zu orientieren und zurechtzufinden, so traf man sie oft suchend an.

Eines Tages hörte ich im Speisesaal, wie der Senior sich bei seiner Frau beschwerte, die Bedienung sei nicht auf zack. War das nicht Klasse! Die Damen gaben sich die größte Mühe, um den Beiden zu helfen, sie wurden geradezu betüttelt. Dass hier in der Regel alles auf Selbstbedienung ausgerichtet war und alle Hilfe auf dem guten Willen der Küchenfeen basierte, musste Joopi Two bei all der Pflege und dem Entgegenkommen gar nicht aufgefallen sein. So kann es gehen. Ich weiß nicht, warum dieses Paar hier war. Wohl nicht, um sich den Bauch vollzuschlagen. Sie aß wie ein Vögelchen und schob ihm öfters die zweite Hälfte ihres Brötchens rüber. Es ging dann ein Weilchen, wie ein langsames Pingpong spielend, hin und her, am Ende aß er ihre Reste dann maulend auf.

Wenn wir schon im Speisesaal sind - hier noch kurz eine Anmerkung zum Essen: Es schmeckt fantastisch. Maulen sollte nur derjenige, der, zwar nicht das Rad, so doch den Hefezopf erfunden hat. Sonst keiner. Weiterhin guten Appetit.

Vom eigenen Zimmer bis hin zum Speisesaal, von den Therapien bis zu den persönlichen Begegnungen, es waren immer die einzelnen Menschen, die mich diese Zeit so heilsam erleben ließen. Als mein Abschied gekommen war, überreichte Bea mir ein kleines, blumiges Geschenk. Viele der Gruppenmitglieder kamen mit dazu und umarmten mich. Manche flüsterten mir liebe Worte und Persönliches ins Ohr. Davon war ich sehr gerührt und beschämt. Ich hatte wohl der Gruppe was gegeben und war mir darüber gar nicht bewusst. Ohne dass ich es wahrgenommen hatte, war ich manchen Menschen wichtig geworden.

Geradezu misanthropisch hatte ich die Nase gestrichen voll von den Zweibeinern meiner Gattung, ich wollte doch alle auf Distanz halten. Mein Vorsatz mich so wenig wie möglich auf andere Patienten einlassen, war gründlich versandet.

Es liegt wohl in meiner Natur, es gibt mich halt ganz oder gar nicht.

...und als es nach Hause ging, da brachte ich, wie „Hans im Glück", das Kostbarste mit, was es gab:

Mich selbst!

„Begegnung zweier Frauen"

Das Ende des Märchens

Werte Leserschaft, wie jedes Märchen hat auch dieses einen guten Ausgang.

Mein Leben hat sich verändert und ist heute mit dem Leben vieler kostbarer Menschen verwoben, die „Flachatmer" vermisse ich nicht mehr. Diese können sich getrost ihr restliches Leben weiter mit den Windrichtungen beschäftigen.
Es kümmert mich nicht.

Meinen Lebensweg gehe ich jetzt weiter, den Kieselstein habe ich aus meinem goldenen Schuh geschüttelt, die Blumen rechts und links von meinem Pfad sehe ich nun wieder in aller Pracht und Schönheit. Die Menschen, die mir geblieben sind, sind mehr als genug. Meine Whats-App-Liste ist sehr überschaubar geworden. Darauf befinden sich Weggefährten und teure Menschen, die einen Platz in meinem Herzen haben. Auch das gibt mir ein befreiendes und gutes Gefühl.

Ich war die Moorleiche und habe mich aus dem Moor erhoben, den Dreck und den Ballast, das Dunkle und Stinkende habe ich weitgehend abgeschüttelt.

Narben bleiben zurück, doch sie heilen in geschwungenen Linien. Sie machen mich weiser, interessanter und schöner.

In allem Schmerz und Leid der letzten 2 Jahre, bei jedem bitteren Kelch, den ich trank, Gott war mir oft fern. In unzähligen durchwachten, durchweinten Nächten, in aller Sorge um meinen Mann, in aller Panik, die mein Herz umschlossen hatte, bei aller Ungerechtigkeit, die mir widerfuhr – ich war nie alleine. Gott war bei mir, doch manchmal wartete er geduldig in der Ferne bis ich ihn erkannte. Ich zürnte oftmals dem Schicksal, mein Glaube war weder fest noch standhaft.

Doch ich bin die Heldin der Geschichte, ich bin die Moorleiche, die allen Dreck von sich abgeschüttelt hat und wieder zum Leben erwacht ist.

Ich habe einen außergewöhnlich großartigen Mann und einen einzigartigen wundervollen Sohn, Beide haben mich durch meine dunkle Zeit in Liebe getragen, ihr Licht leuchtete stets in mein Herz.

Meine unübertrefflich lebensbejahende Schwester hat mir gezeigt, was wirklich wichtig ist. Ihre Loyalität und Empathie waren erfrischend und heilsam für mich.

Wenige, dafür herrlich rückgratstarke Freundinnen und eine Handvoll Menschen haben sich als großer Fels in der Brandung erwiesen. Ihr alle habt dazu beigetragen, meine Enttäuschungen und meinen Seelenschmerz in den Griff zu bekommen.

ICH LIEBE EUCH ALLE SEHR!!!!!!

Mein Leben ist komplett neu ausgerichtet und ich lebe jetzt mit mehr Selbstfürsorge als vorher. Viele Brücken habe ich bewusst abgebrochen und rundherum mein soziales Umfeld ausgemistet. In meinem geliebten Beruf arbeite ich weiter, allerdings in einem neuen Aufgabenbereich, bei herrlich wertschätzenden Vorgesetzten, die es nicht nötig haben, maulheldig unterwegs zu sein. Auch meine neuen Arbeitskollegen machen es mir leicht neu zu beginnen. Ich freue mich jeden Tag auf die Arbeit und die Menschen, die mir begegnen. Meine Begeisterung und meine Kraft habe ich wiedergefunden.

Mit viel Liebe denke ich an die Individuellen Charaktere, die ich in der Klinik kennen lernen durfte. Wieviel ich mit ihnen und vor allem mit mir selbst erlebt habe, ist unglaublich.

Heute pflege ich einen fürsorglicheren, versöhnlichen Umgang mit mir selbst. Es bleibt noch viel zu lernen, aber ich lerne täglich dazu.

Der Raketenmann ist, zumindest in meinem Kopf, derweil zum Raketenmännchen mutiert. Ich habe ihn und die Amöbenhirne, ihre Unverschämtheiten und ihre abgrundtiefe charakterlose Bosheit in den heißen Quellen des Auenlandes ertränkt.

„Allen Menschen, die mir in meiner persönlichen Hölle Gutes getan, die Sorgen und Seelenschmerz mit mir geteilt, die mir Mut gemacht haben und mich wieder an das Gute im Menschen glauben ließen, die einfach da waren, jetzt reicht es mit dem Essig. Für den Rest meines Lebens werde ich mit euch, meine treuen Gefährten, Wein trinken.

„... und dann war das Leid der Heldinnen und Helden meines Märchens zu Ende und es fing ihre Freude an." Und wenn sie nicht gestorben sind, dann leben sie noch heute.

Auf euch, meinen lieben, lieben Sorgentragenden, vom Leben Gebeugten, auf euch rede ich ein, gebt niemals auf!!

NIEMALS NIE! NEVER EVER! NIEMALS!

Am liebsten würde ich meine Worte warm auf euch herunter regnen lassen.

Wenn das Schicksal euch zu viel zumutet, wenn eure Lebenslinien verknotet sind, begebt euch in die Hand von Fachleuten, die ihr Handwerk verstehen. Ihr seid so kostbar, ihr seid das Salz der Erde, ihr seid die bunten Hunde, die diese Welt lebens- und liebenswert machen. Ihr seid ganz sicher geliebt von Gott. Auch wenn ihr es momentan nicht spürt und nicht glauben könnt. Geht durch den Morast durch, ihr könnt nie tiefer fallen, als in seine Hand.

Ich verspreche euch, es kommt die Zeit, in der auch ihr wie Phönix aus der Asche wieder am Himmel fliegen werdet. Ich verspreche euch die Auferstehung der Moorleiche, die es schafft, den Dreck und Ballast abzuwerfen, um geradestehend, mit gestähltem Rückgrat, als ganzer, mit Narben versehrter Mensch weiterzugehen. Niemals aufgeben, niemals, Aufgeben ist keine Option. Unter Druck entstehen die wertvollsten Diamanten, ihr seid der kostbare Schmuck Gottes, ihr seid es wert!

Die Schießbudenfiguren, die euch Schmerzen zugefügt haben, sind es nicht wert, dass ihr ihnen zu viel Zeit und Raum gebt. Die Tragödie, die euch passiert ist, ist beklagenswert und schrecklich, doch über Wunden bildet sich langsam und zögerlich neue Haut. Sie wird niemals so sein, wie die ursprüngliche Haut, doch sie ist ein Teil von euch.

Ich wünsche euch allen ein magisches Kraftfeld, einen Schutzwall, der euch umgibt, ja ich bin mir gewiss, egal wer du bist, DU SCHAFFS ES! Ich glaube an dich!

Du kannst dir sicher sein, am Ende stehst du wieder aufrecht! Ich bin heute schon stolz auf dich!"

Ich denke jeden Tag an Dich, du bist in meinem Herzen.

Epilog

In diesen 6 Wochen Reha-Klinikaufenthalt habe ich sehr viele wundervolle Menschen auf eine ungewöhnliche Art und Weise kennengelernt. Viele in einer Tiefe und Offenheit, die im „normalen" Alltag niemals möglich wäre. Der Schmerz und das Schicksal von Menschen so intensiv mitzubekommen ist eine ehrfürchtige, prägende, respektvolle Existenzerfahrung. Vor diesen großartigen, mutigen, starken, vom Leben geschlagenen und gequälten Menschen verneige ich mich tief.

Die in meinem Buch abgebildeten Kunstbilder haben alle das Grundthema „Der Mensch im Beziehungsgeflecht mit sich selbst und mit Anderen".

Schlaf ist ein kostbares Gut, doch meistens sind es die schlaflosen Nächte, in denen meine Bilder geboren werden.

MIX

Papier | Fördert
gute Waldnutzung

FSC® C083411

Zeitfracht Medien GmbH
Ferdinand-Jühlke-Straße 7
99095 Erfurt, Deutschland
produktsicherheit@kolibri360.de